Sexo con sabiduría

Yuleni Paredes

Yuleni
Contacto de WhatsApp

Contenido

Capítulo 1

Hoy es mi primer día de clases de sexología, admitiré que he escrito diversos libros de sexo, pero no se venden. Creo que me falta experiencia; por ello, decidí tomar un taller de sexología de 4 semanas, soy metódica a extremo.

Ingresé al aula con cautela, me senté y observé mi alrededor; parece mentira que en una clase criticada por el 99.9% de los habitantes haya personas con caras de *nerd*. Es un hecho, los *nerds* necesitamos obtener un conocimiento detallado del área sexual para disfrutarlo en su máxima expresión ¿Será que el sexo, en realidad, es como la matemática que tiene una fórmula?, mis reflexiones fueron interrumpidas por la entrada del profesor.

—Buenas noches, clase, soy el profesor Humberto Ardlay. Tomen asiento, por favor. Esta clase se sale de lo rutinario, no enseñaré las partes del aparato reproductor como sucede en anatomía. Aquí, aprenderán donde ubicar las zonas de mayor sensación íntima, ¿dónde se ubica la zona erógena del hombre y de la mujer? ¡Sentémonos en el suelo, por favor!

Mientras el profesor Ardlay daba las indicaciones a sus alumnos; Carly se distraía con el cuchicheo de sus compañeras:

—¿Notaron lo guapo que está el profesor?

Como me lo recomendó el farmaceuta.

—¿No debería ser el médico?

—No niñas, el farmaceuta me recomendó una fórmula magistral y así está este macho alfa: magistral. Esos cabellos rubios, ni qué decir de esos ojos azules, ¡tiene un cuerpazo de ensueño!

Carly no pudo evitar reír por los comentarios.

—Señorita, ¿puede compartir con nosotros el chiste?

—Perdón, profesor, no es nada.

Simplemente, me acordé de mi perrita Sacha, es divertida.

—Esperemos que no se acuerde de la perrita durante el acto sexual; incomodaría a su compañero. Señores, el acto sexual no es cualquier cosa. Es la entrega del hombre y la mujer, ambos se descubren. Quiero que palpen los puntos que les mencionaré. Inicien con el lóbulo inferior de su oreja. Señorita… —Humberto bajó la mirada para leer la identificación de la rubia de ojos esmeraldas—. Carly, acérquese, dese la vuelta, pondré mi dedo índice y pulgar en el lóbulo inferior de su oreja. Dígame: ¿qué siente?

—Nada.

La clase se carcajeó. Bajando el tono de voz, le anunció:

—Le quitaré el zarcillo. —Le frotó con suavidad—. Poco a poco, se dejará llevar por las sensaciones. El macho alfa acerca sus labios al cuello de la hembra, la cual siente su respiración pausada; pero intensa, incluso escucha los latidos de su corazón. Aspire silenciosamente el aroma de su compañero. De igual manera, él disfrutará de la delicada fragancia de su chica.

Se sintió ligera como los pétalos de las rosas humedecidas por la fresca llovizna de la mañana. Al sentir el tacto sutil de las caricias, en esa zona desconocida de su cuerpo, su piel erizada disfrutó de aquel escalofrío producido por la dulce voz de su profesor que penetró en sus oídos.

—¿Sigue sin sentir nada? —preguntó en tono cariñoso.

Capítulo 2

Charlie Chaplin dijo: "Tu cuerpo desnudo sólo debería pertenecer a los que se aman con tu alma desnuda".

Bar Coco Frío

—Ja, ja, ja, doctora White, ¿cómo se dejó sadiquear por su profesor?

—No me dejé sadiquear, Luisa, es parte de la clase —expresó molesta a la vez que de un solo jalón, bebió tequila acompañado de sal y limón.

—Ja, ja, ja, nada más a ti se te ocurre tomar clases de sexología y con un hombre que se atrevió tocarte las orejas de manera insinuante ja, ja, ja…

—Te explicaré mejor lo que ocurrió… Oh, por Dios, mi profesor, ¡está aquí!

—¿Quién es? Muero por saber ¿quién es el manoseador? —preguntó en tono burlón, buscándole con la mirada.

—¡¿Puedes disimular?! Puede notar que le hemos visto —dijo tratando de ocultarse de la mirada del profesor.

—De acuerdo, pero dime ¿quién es? El único que vi pasar fue al rubio de ojos azul cielo que está como se le da gana; espera un momento… ¿Ese es? —Carly asintió con la cabeza—. ¿Dónde me inscribo?

Entre tanto, Carly, forcejeaba con su amiga para evitar que se le fuera encima a su joven profesor, recordó las prácticas:

—Carly, ¿qué sentiste?

—Una sensación agradable, diferente.

—Señores, las mujeres son auditivas, de sensaciones externas… Se les debe hablar de manera pausada y delicada, se les toca con las manos, con los dedos y hasta con los labios. Carly, vuelve a tu lugar.

—Sí, profesor.

—Alumnos, para la próxima clase, traerán aceites aromáticos de todas las fragancias que puedan conseguir.

Los estudiantes murmuraron entre ellos sobre la extraña petición de su profesor.

Humberto recogió sus implementos académicos y como si nada hubiese pasado, se retiró. Carly había quedado hechizada por aquel simple contacto acompañado de la dulce voz de su joven profesor. Por alguna extraña razón, le seguía recordando; por lo que decidió contactar a su amiga de confianza para hablarle de todo lo vivido en tan poco tiempo con un hombre que, a su parecer, fue sacado de las revistas de los hombres más guapos del mundo. No obstante, sus pensamientos volvieron a ese momento de forcejeo en el bar.

—¡Cálmate, Luisa! Espera, está conversando con una mujer, ¿de qué hablarán?

Minutos antes, Humberto visualizó su alrededor, eligiendo el taburete ubicado al fondo del bar, pidió un whisky doble de 18 años.

Humberto Ardlay es considerado en el ámbito médico como un hombre calmado y elegante, que sabe escuchar y hablar en tono apropiado.

Al lado de él, se sentó una mujer con mirada triste, la cual abrió su bolso para extraer un cigarrillo, pidió al cantinero un fósforo para encenderlo.

—El fumar no le quitará los problemas de encima.

—¿Eres Pepe grillo?

—No, soy un hombre común y corriente que sabe que los vicios no sirven para aplacar el dolor de nuestras almas.

—¡Vine a beber un poco de licor a este bar y me encontré con la madre Teresa de Calcuta! Hagamos algo, eres un hombre atractivo; vayámonos a un lugar íntimo para conocer nuestros cuerpos.

—Charlie Chaplin dijo: "Tu cuerpo desnudo solo debería pertenecer a los que se aman con tu alma desnuda".

—Me salió poeta el galán.

—No, es simplemente que el acto de sentir el cuerpo de otro se debe hacer entre dos personas que se aman sin restricción alguna.

—Ja, ja, ja, ¿eres *gay*?

—Soy un hombre que le gusta disfrutar la vida; apreciando los breves momentos de felicidad que se nos pueda presentar en este mundo lleno de conflictos, mucho gusto.

—Encantada de conocerlo, soy Laura Martínez, nací en México. Creo que comenzamos con el pie izquierdo, tus palabras son muy lindas. Ojalá mi exesposo las hubiese tenido en cuenta antes de serme infiel.

—Es tiempo de desnudar tu alma.

—Después de un año de estar, sabes, de tira y encoge con Raúl, mi exesposo, llegué a mi casa, al entrar a la habitación me encontré con una *panty* que obviamente no era mía. Al indagar, me di cuenta de que se trataba de mi mamá y si no me cree lo que le he dicho, le mostraré la foto, la tengo aquí en mi celular.

Apreció la prueba de infidelidad, mostrándose empático: la abrazó.

«Muchos preguntarán, ¿qué hago en un bar como este si soy un hombre de principios? La respuesta es sencilla: en los bares se encuentran las personas con mayores problemas espirituales, buscando a alguien con quien hablar de sus molestias emocionales; es así como decidí visitar dos veces por semana algún bar para ofrecerme como oyente».

Las chicas observaron la escena.

—¿Te das cuenta? Está con su novia.

—Carly, eres una tonta. Te lo hubieses tirado después de clases.

—¡Luisa! ¿Qué tipo de mujer crees que soy? ¡Vámonos, antes de que se dé cuenta; quizás, le incomode estar en el mismo bar que su alumna!

Se fueron de aquel sitio. Carly llegó a su casa, se duchó y se preparó para dormir con su pijama color rosa, que ella denomina de la suerte, y sus pantuflas de Barney (el dinosaurio amistoso).

Acostada en la cama, reflexionó sobre su día, el cual pasó entre nuevos conocimientos, sensaciones y un trago de tequila que la llevó a caer rendida en los brazos de Morfeo sin dejar de pensar: <<¿qué pasará mañana con la clase de sexología dictada por mi joven profesor que, aparentemente, es todo un casanova?>>.

Capítulo 3

"Apríquese perfume donde quiera ser besada", Coco Chanel.
"Antes de interpretar un nuevo personaje elijo un nuevo perfume. Así, cada vez que lo uso me siento en la piel de ese personaje", Irene Jaco.

Carly se levantó (a decir verdad, la puntualidad no es parte de sus grandes virtudes), al darse cuenta de que era exactamente las nueve en punto de la mañana y que tan solo contaba con una hora para entrar a clases, se apresuró; a duras penas, logró hacer sus necesidades fisiológicas, asearse y vestirse para ir directo a la cocina a prepararse un jugo de fresa y un emparedado de mantequilla de maní. Salió de la casa y a medida que caminaba se comía su delicioso sándwich, llegó justo a tiempo a la universidad, estaba un poco desgreñada y sedienta por correr.

«Carly, debes aprender a no tomar licor un día antes de tu clase, ¡usted es una profesional! Si me viera la jefe de enfermeras, me estaría halando las orejas y con todo motivo. La puntualidad es la base de todo profesional, ¡qué vergüenza! Justo a tiempo.

Antes de que el profesor pudiera cerrarme la puerta en la cara, logré entrar. Él con una sonrisa amable me dijo:

—Entre.

Miré a mi alrededor y me pregunté: ¡¿qué demonios hace aquí, Luisa?! La vi con mala cara, la descarada me sonrió. Hipócrita, ¡mala amiga! Exclamé intrínsecamente al tiempo que me sentaba para prestar atención al profesor>>.

—Como les comenté ayer, es una clase fuera de lo convencional, ustedes están aquí para adquirir conocimientos de lo que es y será cómo tratar al género masculino y femenino; discerniráneste conocimiento a todas las parejas. Necesito una voluntaria para la práctica de hoy.

« ¡¿Qué hace la zorra de mi mejor amiga levantando la mano?!».

—¿Su nombre es?

—Luisa.

—Perfecto, Luisa. Usted recién se inscribió, ¿cierto?

—Sí.

—Bien, ya hemos adelantado información vital por

lo que le pediré a Carly, quien ha sido consecuente, me sirva de modelo en esta ocasión para que ustedes observen y registren los datos necesarios para orientar a sus pacientes o clientes, ¿de acuerdo?

—Sí —respondieron al unísono.

En voz baja, Luisa le expresó a su amiga:

—Listo, a la que quiere coger es a ti, disfrútalo.

Carly blanqueó los ojos. Mientras, Humberto sacó una camilla para masaje profesional.

—Tome asiento, señorita Carly. Permíteme ayudarla. —Al sentir las manos fuertes de él alrededor de su torso, sintió un ligero escalofrío; él le regaló una pícara sonrisa; un mechón de su cabello rubio cubrió su ojo izquierdo, haciéndole ver más atractivo, se hizo a un lado y buscó entre sus cosas: una hoja que entregó a uno de sus alumnos. —Lea, por favor, esta frase.

—Sí, profesor. "Siempre quise tener una fragancia, siempre quise poder conectarme con la gente de forma diferente a como lo haces a través de una película. Un perfume es algo increíblemente íntimo. Puede evocar pensamientos específicos o recuerdos y es un poco diferente para cada persona que lo usa", Elizabeth Taylor.

—Excelente, ¿qué nos dice esa frase?

Analicemos cada palabra, ¿ustedes trajeron los aceites aromáticos?

—Sí —respondieron.

—La frase evoca a cada ser humano, el cual posee un aroma que los identifica y diferencia del resto de la humanidad. Nosotros mismos somos incapaces de distinguir; pero, nuestro compañero sí lo percibe con facilidad. La idea es aplicar en cada zona erógena una gota del perfume y disfrutarla con nuestro sentido olfativo. Domy, pásale la hoja a Luisa, por favor. Lea usted señorita la frase siguiente.

—"Aplíquese perfume donde quiera ser besada", Coco Chanel —los alumnos rieron.

—Hagamos silencio, por favor. Tal cual, leyó Luisa el fragmento de quien en vida fue una de las grandes diseñadoras más importantes de la historia y la cual refirió que se debe perfumar el área corporal que desee ser besada u acariciada. Gracias, Luisa por tu participación.

Ahora, Carly, tomarás uno de los frasquitos de la bandeja que tienes al lado de la camilla con la cual te identifiques y aplicarás en aquella zona que desee ser acariciada, por ejemplo debajo de las orejas—. Carly no pudo evitar ponerse de los unos mil colores. El joven profesor, al notar la inmovilidad de su alumna, se puso atrás de ella y le dijo—: tu dulzura e inocencia son propias de una rosa, representas a la rosa más sublime que pueda existir en el jardín, déjate deshojar.

Carly cerró los ojos, disfrutando del perfume masculino de su profesor de apenas 34 años de edad, se dejó llevar.

Él, con sumo cuidado, le desabrochó la camisa hasta el tercer botón; le aplicó unas gotas de esencia en el cuello. Sin querer, una gota se deslizó por entre su pecho.

Los presentes quedaron extasiados por el erotismo que se creó en el ambiente, desde el más tímido hasta el más presumido experimentó la sensualidad basada en el aroma.

Capítulo 4

"El primer beso no se da con la boca, sino con la mirada",
Tristan Bernard.

El profesor continuó hablándoles a sus alumnos:

—Irene Jaco dijo: "Antes de interpretar un nuevo personaje elijo un nuevo perfume. Así, cada vez que lo uso me siento en la piel de ese personaje"; así debe de ser ese momento cumbre en sus vidas. Deben reconocerse. —Se giró hacia su alumna—. Carly, la humedad se apodera de tu cuerpo. El aceite se convierte en un manantial que llega a ese lugar especial que tanto te gusta acariciar. —Ella se dejó llevar por esa voz seductora y fantaseó lo inevitable—. Puedes regresar a tu asiento. Lo que acaban de presenciar es un ejemplo de como se debe tratar a una dama, la cual debe tratarse como la copa de cristal más frágil que pueda existir sobre la faz de la tierra. Pasaremos al siguiente peldaño: La exploración sexual que se denomina el preludio del amor; para ello, citaré a Walter Serner, famoso alemán, ensayista y escritor, quien dice: "Ejercita cada día tus ojos poniéndote frente al espejo. Tu mirada debe aprender a posarse silenciosa y pesadamente sobre el otro, a disimular con velocidad, a aguijonear, a protestar. O a irradiar tanta experiencia y sabiduría que tu prójimo te dé la mano temblando". Jóvenes, ustedes en la comodidad de su casa se desnudarán y verán cada parte de su cuerpo, aprenderán a mirarse y a quererse tal cual como son, sin importar que otros puedan juzgar o criticar alguna parte de él; pues cada parte de su ser ha sido diseñada para sentir placer. Enamórense de sí mismo. "El primer beso no se da con la boca, sino con la mirada".

Nos vemos mañana.

Al salir el profesor, los alumnos volvieron en sí. Lo catalogaron como un ser espiritual de gran sabiduría sexual.

—¡Suertuda Carly! ¿Cómo carajos no me enteré antes de esta clase? ¡Oye! ¿Por qué no me hablas? Ya sé, estás molesta porque me ofrecí de voluntaria para la práctica, deberías agradecerme ¿Te diste cuenta, ja, ja, ja, que el papasote que tienes de profesor no quiere nada conmigo, ni con otra, sino contigo? Aprovecha y disfruta de ese macho y óyeme bien: ese sí es un macho de verdad en todos los sentidos.

—¡Es mi profesor!

—Si fuera tu profesor de bioquímica, matemáticas… qué sé yo, te creo que existe solo un vínculo maestro-alumno; pero por Dios, es el gurú del sexo que te da clase de sexo y para colmo, ¡no te da clase, te hace el amor cada vez que ingresas a esa aula!

Carly se carcajeó por los comentarios de su amiga.

—Discúlpame por haber sido tan hormonal; debí respetar a tu macho, sí que te gusta el profe, ¿verdad?

—Para nada, Luisa, es mi profesor y yo soy su alumna; tenemos un vínculo académico.

—Repítelo varias veces hasta que te lo creas. Vamos, se honesta, tuviste un orgasmo en la clase, ja, ja, ja.

—Con esa voz cálida que no solo te penetra en los oídos, sino también los poros haciéndote vibrar… Hmm, no.

En la tarde, se alistaron para ir a sus empleos, cada una cubrió su área respectiva: Carly, la unidad de pediatría y Luisa, la unidad de cardiología. La guardia trascurrió entre emergencias infantiles y madres llorando por sus hijos, los cuales se recuperan gracias a los cuidados ofrecidos por aquellas enfermeras que siempre les brindan paz, tranquilidad y excelente atención en los momentos más difíciles.

Después de una ardua jornada, Carly llegó a su casa, se desvistió y tomó una ducha fría; al salir del baño, se puso frente al espejo y recordó la asignación de su joven profesor:

"Antes de interpretar un nuevo personaje elijo un nuevo perfume. Así, cada vez que lo uso me siento en la piel de ese personaje".

«¿Será cierto que si uso un nuevo perfume seré otra persona; una más atractiva y sensual?», pensó a la vez que sacó del cajón de la cómoda una de las tantas fragancias que compró para utilizar en una ocasión especial.

Se aplicó en las zonas de su cuerpo que consideró erógena. Cerrando los ojos, se puso un poco en el cuello y entre sus senos, deleitándose con aquel exquisito aroma francés, se imaginó a su joven profesor acariciándola, incluso, entre sus piernas, en la parte más sensible de sus muslos.

Imaginándolo, caminó a su cama satisfecha, durmiendo plácidamente.

Capítulo 5

"Una mirada, un suspiro, el silencio son suficientes para explicar el amor", Voltaire.

Al día siguiente, Carly despertó a las ocho de la mañana, se alistó con tranquilidad, quería lucir un atuendo digno de una mujer coqueta y hermosa para ir a estudiar, tenía más de dos años sin estar al día con la moda; lo único lindo que encontró para verse sensual: fue un pantalón de mezclilla corte bajo ajustado al cuerpo, haciéndole lucir un trasero bien contorneado; de blusa, eligió un color verde menta escotada en la espalda con cuello en V, sutilmente se le podía apreciar su busto bien definido.

Sintió hambre matutina, pero no quería verse obesa a pesar de ser una mujer delgada, así que optó por comer una galleta de fibra y beber una taza de avena tibia.

Al salir, se dio cuenta de que solo le faltaban calzados apropiados para su atuendo, por lo que se detuvo en una zapatería, escogió unas sandalias doradas cruzadas de tacón mediano, no sabía caminar con tacones altos; esa sería su siguiente meta de aprendizaje.

Hizo una parada rápida en una tienda de cosméticos, compró un esmalte de uñas color perla, pintura labial carmesí suave, rímel y polvo facial traslúcido. Tomó un taxi, donde se iba pintando las uñas y maquillándose.

—¡Rayos!

—¿Le sucede algo, señorita? —preguntó el taxista.

—Nada, en realidad sí, el esmalte de uñas se me corrió.

—Descuide, en la guantera, tengo un removedor de esmalte y algodón, mi esposa deja sus cosas ahí, es previsiva.

Carly se alivió.

—¿Cuánto le debo?

—Diez dólares.

—Una pregunta, por favor no mienta ¿Cómo me

veo? ¿Tengo demasiado maquillaje? ¿Me veo vulgar?

—No quiero herir sus sentimientos, se ve un poco recargado, quizás sea porque no tiene espejo.

—¡Demonios, solo faltan 45 minutos!

Lléveme a una tienda, compraré lo habitual, otro día cambiaré de look.

Carly entró nuevamente al auto, se paró en el centro comercial más cercano. Compró un vestido holgado corto manga larga de cuello semiredondo y zapatos deportivos blancos.

Ingresó al baño de damas, se lavó la cara y se colocó desodorante en spray no solo en las axilas sino también en los pies.

Su cutis facial era como la piel de un bebé, libre de grasa, por lo que se aplicó en los labios un simple brillo, se palmeó las mejillas para darse un color rosa natural.

Cuando salió, miró un sombrero blanco que hacía juego con su vestimenta, decidió adquirirlo sin dudar.

—Gracias por esperar. Ahora, ¿cómo luzco?

—Parece una tierna e inocente hada.

Carly suspiró, su intención no era la de verse inocente; por el contrario, quería despertar el interés sexual de cierto rubio; pero, silenció su verdadero sentimiento que apenas florecía.

Pagó el taxi y corrió velozmente hasta el salón de clases.

«Dios santo, llegué tarde. Por suerte mi profesor es amable, me dejó pasar mostrándome su dulce sonrisa».

—Adelante, esperemos que en la siguiente clase no se le peguen las sábanas.

—Avergonzada, pasó al salón; en su estómago sentía como revoloteaban mil mariposas con solo percibir el perfume de Humberto.

En ese momento, Mili, una compañera de estudios, explicaba la sensación que sintió al realizar la tarea que consistía en ponerse frente al espejo y darse cuenta de que es una mujer hermosa a pesar de tener alguna cicatriz o cualquier imperfección física, que a los demás pudieran parecer desagradable; a ella, por el contrario, le resultó genial porque es parte de ella, parte de su vida; pues, daba testimonio de ¿cómo se ha sobrepuesto a cualquier enfermedad? Por tanto, el que la ame, debe amar cada parte de su cuerpo. Sus compañeros aplaudieron.

—Carly, ¿hizo el ejercicio?

—Sí, profesor.

—Perfecto, compártanos sus emociones.

Temblorosa e insegura, trató de detallar sus sensaciones:

—Me… duché, al salir del baño… —le costaba hablar, le daba vergüenza. Su maestro se dio cuenta de que debía trabajar más en ella, tuvo que detenerla, tenía el rostro enrojecido, incluso tartamudeó.

—Luisa.

—Sí.

—Por favor acompáñela al sanitario, tomen un receso de 15 minutos.

Sanitario

—¿Qué te pasó? ¿Por qué tan nerviosa?

—No es fácil hablar tan abiertamente de mi sexualidad, me cuesta.

—Como quieras, pero déjame arreglarte. Por un momento, creí que te desmayarías. Listo, volvamos al salón para que sigas al lado de tu galán.

—Él no es mi galán, tiene pareja.

—Y ¿qué? —expresó, encogiéndose de hombros.

—Y ¿qué? Que no debo fijarme en alguien comprometido.

—¡Aja! ¡Te caché, sí, te gusta!

—¡Cállate! Que nos pueden oír.

—Tranquila, te guardaré el secreto, pero ya veremos ¿cómo seducirás a ese hombre?

Mírate, pareces una niña.

—Ya no me molestes, Luisa. Corramos, otra vez llegaré tarde y eso que estamos a pocos metros del salón.

—Pasen señoritas. Usted Carly, quédese a mi lado. Hoy avanzaremos con otra parte importante del cortejo, punto indispensable en el preludio del amor. Lea en voz alta este fragmento.

—"La mirada es posiblemente la más asombrosa técnica humana de cortejo: el lenguaje de los ojos", Helen Fisher.

—¡Exacto! Usted se pondrá frente a mí, nos veremos directo a los ojos. Carly, debes entender que una mirada, un suspiro o el silencio es suficiente para explicar el amor y sobre todo que… el primer beso no se da con la boca, sino con la mirada.

Capítulo 6

La sensualidad siempre ha existido desde la época más remota, incluso antes, durante y después de Cristo. Haré cualquier cosa por amor, menos mentirte.

Alumna y profesor se miraron a los ojos, experimentando una sensación tan divina que deseaban estar más cerca uno del otro.

Humberto colocó su mano derecha por debajo de la nuca de Carly. Sus respiraciones cada vez se aceleraban más.

Se le erizó la piel al tener ese adonis tan cerca, rozándole el rostro, sintiendo su aliento.

Él, sin dejar de verla, cerró lentamente los ojos e insinuó un toque de labios que nunca sucedió.

Después de un breve silencio entre ambos rubios, Humberto tomó nuevamente su postura y se dirigió a la clase de sexología para jóvenes profesionales y universitarios.

Sin querer, notó los pezones de su alumna que se destacaron sobre el relieve de su vestido corto (estilo marino), en espera de ser probados por los labios de aquel hombre sediento de pasión y entrega carnal.

—Carly, puedes volver a tu asiento. La siguiente clase será una asignación sorpresa, nos vemos la próxima semana.

Los días pasaron en total calma, Humberto interrumpió sus compromisos académicos para dedicarse a sus negocios y empresas; es de los que piensan que "el ojo del amo engorda el ganado".

Por otro lado, Carly laboraba en el hospital pediátrico; al culminar las jornadas, se iba a casa para dedicarse a sus libros de erotismo que tanto le gusta escribir. Pero, se dio cuenta de que en efecto sus escritos son un completo asco, al igual que sus experiencias sexuales, para lo más que le dio la cabeza fue para tomar una hoja y sin escribir nada sobre ella, mordió la goma de su lápiz a modo reflexivo:

«Lástima que eres comprometido o casado, no lo sé. Esa mujer en el bar realmente está a tu nivel, es tan atractiva como tú. ¡Eres tan galante! Dios no puedo dejar de pensar en ti; imaginarte debajo de mis sábanas, haciéndome el amor con tus labios, con tu lengua, recorriendo cada parte, cada rincón de mi cuerpo.

Humberto, Humberto, hazme tuya, no esperes más, entra en mí, hazme gritar de pasión».

Comenzó a tocarse el lóbulo de su oreja descendiendo hasta su cuello, se imaginó que eran las manos de su joven profesor; al sentir tanto placer, curvó su espalda hacia atrás cayendo al piso.

—¿Dios, qué me sucede? —se cuestionó sonriéndose. —No puedo seguir pensando en él. Debo realizar alguna actividad, alguna distracción.

No obstante, Humberto se paró frente a la taquilla de un cine ubicado en los suburbios de Chicago, compró un boleto para rememorar aquella película que en 2001 recibió dos nominaciones al premio Óscar a mejor actor y sonido. Se sentó en una de las últimas butacas, le incomodaba tener personas detrás.

De igual manera, le gustaba pasar desapercibido, su rol de profesor y hombre de negocios lo abrumaban; la única manera de desestresarse era viendo un film dramático: El Náufrago, el cual le ayudaría a reflexionar acerca de encontrar lo positivo en lo negativo, sobre todo él que desde niño, con su llegada al mundo, enfrentó la pérdida de un ser querido.

La mujer que lo gestó, que lo mantuvo en su vientre durante nueve meses, falleció dándole a luz; seguidamente su padre murió de un infarto cuando él solo era un niño, quedando bajo el cuidado de su hermana, que posteriormente perdió la batalla contra el cáncer.

Apagaron las luces y ocasionalmente, bebía de su gaseosa, percibió una fragancia que se le hizo familiar; alguien que llevaba en su bandeja cotufas y refresco tropezó con él.

—¡Perdón, lo siento! —exclamó la persona.

El acomodador de cine, al percatarse de la

eventualidad, se acercó velozmente para alumbrar a los implicados en el incidente, no podían creer la jugada del destino.

Capítulo 7

"Toda alma es una melodía que se trata de volver a ensamblar",
Stéphane Mallarmé.

Dos rostros se veían alumbrados por la luz del acomodador, sus miradas reflejaron complicidad.

—Señorita, si gusta tome asiento a mi lado, le ayudaré con su bandeja.

—Gracias.

El empleado, al notar que todo estaba en orden, se retiró.

Sin dejar de mirar la pantalla del cine, aproximó sus labios al oído de la chica para decirle:

—Su rostro es aún más hermoso con la luz —ella sonrió. Él, de manera prudente, le sugirió—: mejor nos concentramos en la película.

—De acuerdo —respondió en voz baja.

Accidentalmente, se rozaban la mano al coincidir con el porta vasos de la butaca; Carly, en un reflejo, la retiraba; pero luego ella le rozaba la mano, él sonreía por la travesura.

En el intermedio de la película a ella se le terminó la gaseosa; él, al darse cuenta, le ofreció su bebida, la ojiverde con gusto aceptó, era como tener los labios de él en los de ella.

Al terminar el film, esperaron que todos salieran:

—¿Qué te pareció la película?

—Genial, genial. Verdaderamente, lloré cuando

Wilson se alejó del Náufrago.

—Tom Hanks es un excelente actor, capaz de trasmitir emociones con una mirada, con un silencio. Así deben de ser las parejas en los momentos más íntimos, las palabras sobran.

Humberto se paró e hizo su bufanda a un lado para poder articular mejor las palabras. La noche era fría, por lo que Carly empezó a abrazarse debido a la baja temperatura. En un acto de caballerosidad, él se quitó el abrigo y se lo colocó a ella, quien agradecida dijo:

—Creo que me queda grande.

—Te ves hermosa.

—¿En serio lo cree?

—No, realmente no lo creo. Eres hermosa —su respuesta la sonrojó.

—¿Dónde vives?

—En la casa Camelia, queda a cinco cuadras de aquí.

—Te acompañaré.

—¿Usted vive cerca?

—Un poco alejado de aquí, no importa, pediré un taxi.

Carly sonrió. Durante el trayecto conversaban de todo un poco, se dieron cuenta de que tenían varias cosas en común, como la de oír bossa nova mientras cenan un rico pavo con champiñones; así como salir un domingo en la tarde para admirar la puesta del sol sentado en una banca, disfrutando del aire puro y tranquilo.

—Llegamos —anunció un poco triste.

—El taxi ya está cerca, nos vemos el lunes, hermosa dama. —Le estrechó su delicada mano y le dio un ligero beso en la mejilla. Él abordó el taxi y ella entró a su casa; así culminó un día más para estos dos.

El lunes, Carly se sintió como pez en el agua. Después de la conversación amistosa que tuvo con su joven profesor, se sentía más confiada. Su temor de decir alguna estupidez se redujo.

—Hoy hablaremos de la música. La música envuelve a dos almas que se aman sin restricciones, la melodía tiene el poder de hacernos vibrar, ella recorre nuestra piel, nos transporta a un mundo paralelo, donde simplemente importan dos cuerpos desnudos: el del hombre y el de la mujer que se convierten en uno solo. —Los alumnos no perdían detalle de cada palabra emitida por su joven profesor—. Carly, pasa al frente, por favor —encantada obedeció—. Baila conmigo.

Colocarás tus manos por encima de mi cuello y yo pondré mis manos por encima de tus caderas. Nos veremos directo a los ojos y danzaremos al compás de la melodía que a continuación escucharemos. —De fondo musical puso *Amor* se escribe con A de Richard Clayderman, prosiguió con su explicación—: así es como deben tratar a su compañero, a su amante. Carly, imagina que estás bailando bajo la lluvia y cada gota que cae encima de ti te hace ver más bella. Desnuda tu alma, tu ser y entrega tu cuerpo a plenitud.

Capítulo 8

El punto "U"

Carly se sentía en las nubes, era como un sueño donde nada más ella y su príncipe del amor bailaban al compás musical que invitaba a recorrer con la vista, con las manos, con la boca cada parte del ser amado; porque amar es tener la virtud de contemplar el lado más hermoso del ser humano. Mientras bailaban, él le susurró al oído:

—El suave olor de tu hermoso cabello me transporta a un mundo paralelo, viajemos juntos a ese mundo ¿Te gustaría?

—Llévame, donde gustes.

El tiempo para ellos se paralizó. Por un momento, se miraron sin parar de bailar y estando tan cerca, sintieron la necesidad de rozarse los labios pero al darse cuenta de que estaban en clase, rodeados de personas, volvieron a la realidad. Humberto carraspeó para dirigirse a su clase.

—Chicos, la música es el lenguaje del amor, complementándose con cada elemento que hemos estudiado, como son las zonas erógenas, las palabras, el tono de voz, el tacto, las fragancias y, por supuesto, la mirada. El acto del amor no se reduce al simple coito como se ha visto desde las épocas más remotas antes y después de Cristo; es decir, en forma vulgar: el entrar y salir de la mujer con el propósito de procrearse. Ahora es tiempo de liberar nuestras almas, nuestros cuerpos. Se ha descubierto que con cada orgasmo mejoramos nuestro estado de salud ¿Han sufrido de insomnio?

—Sí —respondieron algunos.

—¿Saben, cuál es la cura?

—No.

—Sencillo: ¡hacer el amor antes de dormir!

Por su parte, Carly pensó: «Con razón vivo amargada, me hace falta desahogarme».

—Como no podemos hacer el amor cuando nos dé la gana, bien sea porque no tenemos pareja o porque estamos indispuestos, existe una técnica de relajación.

¿Alguno sabe cuál es?

Un joven, de aspecto tímido, que se encontraba sentado al final de la clase, se levantó y respondió con voz entrecortada pero firme: —Pro… fesor…, ¡la masturbación! Es la única… técnica que conozco.

—De eso no tenemos duda —contestó Luisa, el resto del salón se carcajeó.

—Silencio, por favor, lo que dice su compañero es muy correcto.

Por otro lado, Carly meditó: «¡Sí, qué bien! Se incluyó en el grupo de los que no tenemos pareja, ¿será que la mujer del bar es una amante ocasional?».

Humberto, al percatarse de la distracción de su alumna, optó por preguntarle:

—Señorita Carly, ¿qué opina usted de la masturbación?

—¡Ah! No sé —respondió con voz baja.

—Como usted no sabe, le diré —expresó caminando hacia la pizarra—. La masturbación o placer solitario es una forma de goce; aunque la mayoría de las mujeres lo consideran un tabú ¡Chicos, quitémonos la venda de la timidez y empecemos a darnos placer! Existen aproximadamente 28 técnicas de estimular sexualmente a una mujer. Una de ellas es el punto U que se ubica arriba de la uretra, justamente aquí. —El rubio proyectó en la pared una diapositiva que ilustró a la perfección el área genital femenina—. En esta parte por donde la mujer elimina la orina, esa parte que está encima de la uretra, es donde se halla el punto U y es justo en ese lugar que vamos a estimular con movimientos circulares con ayuda de nuestro dedo o nuestra lengua.

Carly no pudo evitar suspirar, por un momento

creyó que su joven profesor le acariciaba aquella zona mencionada por sus bellos labios de manera magistral—. La función principal de la masturbación es alcanzar el máximo nivel de placer mediante la estimulación que puede ser propia o asistida por su compañero sexual con el único deseo de alcanzar el orgasmo. Chicos, la tarea para su hogar es relajarse y disfrutar de su cuerpo mediante el placer solitario ¡Háganlo sin tabú!

—¿Usted lo hará, profe? —indagó Luisa a la vez que mordía la borra de su lápiz de manera insinuante.

—Siempre es bueno relajarse.

—¿Se vale imaginar? —preguntó Carly de manera inocente.

—Se vale todo —respondió el profesor.

—Profe y su sesión de placer, ¿será asistida? —Luisa averiguó mordazmente.

—Por el momento no.

Humberto salió de clase y, más atrás, los alumnos que no paraban de murmurar. Entre ellos: Luisa, quien le hablaba a su amiga de manera triunfal por investigar más sobre la vida sexual de su joven profesor; sin embargo, a Carly le pareció un atrevimiento.

—¿Otra vez molesta, mujer? No le coqueteé —Carly caminaba sin mirarle—, de acuerdo, sí, estuve de coqueta pero descuida él ni me da luces. A ti, sí, ya ves que siempre te elige y te sonríe, el resto para él no existe, así que deja los celos y agradece que estoy evaluando a tu futuro macho para ver si te conviene o no.

Apuesto a que terminará debajo de tus sábanas y dándote placer en tu punto U con su lengua que se ve deliciosa, de seguro te hará gritar de placer hasta llevarte al or...

—¡Luisa, ¿por qué eres tan expresiva?!

—Es inevitable, soy como soy —se carcajearon—. Ahora, ¿me das tu dedo meñique en señal de que somos amigas por siempre, en las buenas y en las malas?

—¡Sí! —aceptó con alegría.

Estrecharon sus dedos meñiques en símbolo de eterna amistad, posteriormente se fueron con el firme propósito de realizar sus rutinas diarias, ansiando con locura llegar a sus casas para cumplir con la tarea asignada por su profesor de ojos azul claro como el cielo.

Carly llegó a su apartamento, se quitó la ropa y entró a la ducha; mientras se enjabonaba su bien tonificado cuerpo, recordó las palabras de su profesor, acerca de darse placer sin tabú.

Poco a poco llevó el jabón hasta su zona íntima, allí se detuvo, justo en el punto U para darse movimientos circulares, se imaginó que el dedo, que le causaba aquella vibración deliciosa, era de su joven profesor. No pudo evitar curvarse hacia atrás, sosteniéndose simplemente con la pared de la regadera, se retorcía de gozo. Su cuerpo se estremecía, definitivamente los escalofríos que tenía se le adjudicaban a esa área que la estaba enloqueciendo de placer, gritaba:

—¡Humberto, Humberto! —sus gemidos se confundían con el sonido del agua tibia que recorría su cabello, su rostro, su busto y su entrepierna.

Nunca imaginó que su dedo le produciría todo ese placer extraordinario, con el cual, al cabo de unos minutos, alcanzaría el tan ansiado placer. Al sentirse abatida, reposó unos instantes en el suelo de la ducha hasta recuperar sus fuerzas.

Cerró las llaves de la regadera, secó su cuerpo y caminó desnuda hasta su cama. Esa noche, durmió sin ropa, cubriéndose únicamente con una delicada sábana que bien se le adhería a su delgado cuerpo, cayó en un profundo sueño.

Capítulo 9

Carly, tras despertar, comprobó con satisfacción que lo recomendado por su profesor: es cierto. Nunca había dormido tan profundamente bien.

Se paró de la cama con más energía, se duchó y se vistió para luego preparar un ligero desayuno: un sándwich de pavo con rodajas de tomates y de bebida un jugo de naranja recién exprimido. De este modo, inició un nuevo día.

En clases

—Hoy aprenderemos un nuevo tema; para ello, les citaré al fallecido líder de los años 60, Malcolm X, quien dijo: "Todas nuestras experiencias se funden en nuestra personalidad. Todo lo que nos ha pasado es un ingrediente". Se preguntarán, ¿qué tiene que ver la personalidad con la sexualidad? Sencillo, nos sirve para determinar si tendremos éxito o no con esa persona que nos llama la atención o simplemente nos gusta. —Mostró en la diapositiva dos imágenes: el que tiene la estima baja y el que tiene la estima alta—. Como podemos ver en nuestra vestimenta y forma de hablar reflejamos lo que somos: cultos o incultos, honestos o deshonestos, humildes o déspotas, aventureros o recatados, en fin la lista es enorme; pero, aun así, nos permite escoger la persona que vaya más con nuestra personalidad. Por lo tanto, es poco probable que una persona que vista de roquero se fije en una persona que vista de hippie —Carly bostezó—. ¿Qué pasa señorita, le resulta aburrido el tema?

—No, profesor, es que estamos acostumbrados a temas más ardientes, perdone la interrupción —expresó con una pícara sonrisa, sus compañeros rieron por su gracia.

—Alumna, este tópico de la psicología es importante para el desarrollo de la sexualidad en ustedes (los alumnos). —Se estremeció al tenerlo tan cerca y dirigiéndose a ella en tono semi-severo; recordó que algunas horas atrás tuvo un orgasmo pensando en él. De igual manera, se imaginó a su joven profesor dándose placer frente a ella, de manera perversa—. Chicos, ¿en el escritorio ven dos cajas?

—Sí —respondieron los alumnos.

—Una azul y una rosada. Las hembras colocarán en la caja rosada cómo desean que vista su hombre ideal y en la caja azul: los varones colocarán cómo desean que vista su mujer ideal. Luego cada uno pasará y tomará un papel; es así como vendrán vestidos en la siguiente clase, no teman…, será divertido, por favor guarden el papelito y dennos la sorpresa.

El profesor se quedó en el salón, todos los alumnos salieron.

—Luisa, se me olvidó algo en el pupitre, ya regreso.

—¡Claro, ve! —dijo su amiga guiñándole un ojo. Al mirar que se alejaba a gran velocidad, expresó en voz baja—: Claro, se te quedó el profesor.

No obstante, en el salón, Humberto recordaba el pasado.

—¿Dónde está Amanda?

—Ella se fue —contestó el ama de llaves.

—¿Cómo, a dónde? —preguntó sosteniendo a la mujer por los brazos, se veía alterado, preocupado.

—¡Joven, me lastima!

—Perdóneme —expresó, haciéndose a un lado.

Se sentía débil, abatido por saber que su novia le abandonó sin dar explicación alguna.

Se culpó por su ida sin avisar, quizás se debió a la discusión que tuvieron la última vez que se vieron.

El ama de llaves, al verlo tan triste, con los ojos llenos de lágrimas, le entregó un sobre.

—Joven, espero esto le sirva, se lo dejó la señorita Amanda. Espero que el contenido de ese sobre sea la respuesta que usted busca y necesita. —Cerró la puerta, dejándole allí solo.

Desdobló el sobre, cuyo contenido le causó temor; probablemente, le generaría más dolor del que ya tenía.

Amor, mi dulce amor de niña y adolescente, sin duda todavía somos unos niños. Para cuando te llegue esta carta yo, de seguro, ya habré partido muy lejos a un lugar que jamás diré. Lo hago para protegerte.

Me fui muy, pero muy lejos. Ahora, sabrás, ¿por qué?

Respiro profundamente para darme valor y confesarte una verdad que ¡cielos!

Vaya que es difícil aun escribiéndolo. Sin embargo, tomo valor y te lo digo: ¿sabes?, te preguntarás los motivos por los cuales nunca permití un beso apasionado entre nosotros, o peor aún, ¿por qué cuando me cortaba huía de todos sin dejar que me tocaran? La mayoría me veía como una odiosa que se cree superior a los demás, sin saber las verdaderas razones.

Muy a pesar de todo, tú siempre fuiste flexible conmigo y me respetaste al punto de ¡rayos! Esto lo plasmo en esta hoja con las mejillas sonrojadas por la vergüenza que siento al recordarlo.

Tú, claramente, me dijiste que esperarías por mí para estar juntos en la intimidad, me siento mal porque te ilusioné al dejar que siguieras con tus planes. De un modo u otro yo sentí alegría por ello, pero después de esa discusión, donde tú me reclamaste tan solo un beso para sellar nuestro amor, me di cuenta de que... no podía... avanzar más esta relación.

Sin rodeos te lo digo, nací con una cruz, la peor de las cruces que pueda existir sobre la faz de la tierra ¿Es mi castigo o el de mis padres? No sé.

Mi padre, un hombre culto, poderoso, considerado un ejemplo en la sociedad. No es lo que aparentó en vida. Lloró lágrimas de arrepentimiento por haber actuado de manera hormonal, claro es hombre y se le justifica andar con una y con otra.

Te podrás imaginar lo difícil que fue para mi madre, confesarme que unas semanas antes de yo ser concebida, mi padre tuvo una relación extramarital con una dama hermosa y elegante. Esta dama, en cuestión, era portadora del virus de la inmunodeficiencia humana. Él continuó teniendo vida marital con mi madre, quien posteriormente se embarazó.

Humberto, esto te lo digo con lágrimas en los ojos..., con un profundo nudo en la garganta..., mi madre al igual que mi padre contrajo VIH. Perdóname, por eso no puedo estar contigo nunca más.

Humberto, "¿acaso: el cuerpo desnudo de una persona no solo debería pertenecer al que ama con el alma desnuda?" ¿Por qué el ser humano solo actúa por instinto animal que solo busca saciar su sed sexual?

Te lo imploro, no me busques, vive tu vida, encuentra la mujer de tus sueños que en definitiva no soy yo. Estoy desahuciada, déjame partir en paz de este mundo.

Agradezco a mi Dios amado por haberte conocido, me hiciste feliz y te digo algo: aunque tú digas o pienses que nunca nos besamos, sí, lo hicimos porque el primer beso se da con la mirada.

Adiós.
Posdata: siempre te amaré.

Humberto no paró de llorar después de leer aquella carta.

Carly entró al salón.

—¿Olvidó algo, señorita?

Ella pensó: «Sí, a usted».

—Profesor, quería hacerle una cordial invitación ¿Si es posible? ¿Qué tal si vamos a un café y me explica mejor el tema de la personalidad? En realidad, me costó entender.

—Muy bien, le haré un resumen de la clase.

—Gracias, probaré una excelente cocada que preparan en ese sitio.

— ¡Vayamos, entonces!

Caminaban por las amplias calles de la ciudad de Chicago, disfrutando del hermoso atardecer; aunque no conversaron mucho durante el paseo, se veían alegres.

Llegaron a la fuente de soda, él como buen caballero le abrió la puerta, ella pasó y le señaló una mesa con dos puestos en una esquina que se miraba reservada.

Él se tomó un delicioso capuchino y ella una cocada. Hablaron un largo rato, se reían. En ocasiones, se ruborizaban por las ocurrencias de cada uno. Era evidente la atención que se prestaban, uno del otro, donde el tema principal de sus conversaciones se basaba en la personalidad y sensualidad del ser humano.

Salieron de aquel café rumbo a sus residencias, él se ofreció acompañarla hasta su casa, ella aceptó encantada.

Carly, al tiempo que caminaba, planeaba la forma para que su atractivo profesor subiera a su departamento.

—Profesor, soy escritora, en realidad soy un intento de escritora.

—No digas eso, el simple hecho de escribir en una hoja ya es un gran logro, es parte de un mérito que merece todo el respeto y consideración.

—Gracias, aun así, me gustaría que usted leyera un poco de lo que he escrito para saber qué debería mejorar —dijo con cierta travesura.

Humberto aceptó la invitación. Al entrar, observó un lugar organizado.

—¿Cómo haces para tener todo en orden? Eres una mujer sola y con tantas ocupaciones, tengo entendido que eres enfermera tiempo completo.

—La limpieza y el orden son parte del hábito, me lo inculcaron mis padres.

Carly se dirigió a su recámara para ponerse una bata corta de tiras, polveó su nariz y se colocó crema en las piernas y brazos. Salió descalza de la habitación.

Humberto se sentó en un sillón muy cómodo. Al ver a su joven alumna, exclamó:

—¡Qué bien te ves!

—Gracias por el cumplido.

Ella, contenta, le mostró sus novelas. Tenía las mejillas totalmente ruborizadas, le aclaró que son relatos eróticos.

—Será un placer leerlos.

El joven profesor revisó sus escritos y le dijo:

—Están bien plasmados, el detalle está en que vas directo al acto. Hacer el amor no es cualquier cosa, se debe sentir, vivir, disfrutar de cada detalle implicado en el preludio del amor, como vimos en clases. Esos detalles son lo que debes plasmar aquí.

Ella apartó el libro de sus manos y se sentó en sus piernas, el rubio de ojos azules como el cielo quedó impactado por la cercanía de aquella hermosa mujer de piel suave, pelo rizado y ojos esmeraldas.

Disfrutó del contacto, de la mirada entre ellos y con deseo se probaron los labios. La rubia le dijo:

—Profesor, enséñeme… todo lo que usted sabe.

Capítulo 10

Él entrecerró sus ojos y acercaron sus labios. Metió las manos por debajo de esa diminuta bata blanca que apenas se sostenía con ayuda de las tiras, sus besos eran profundos y demandantes.

—Hazme sentir mujer —le pidió sin dejar de besarlo

Se sentó con las piernas abiertas hacia él. Sintió aquella fascinante dureza que le friccionaba con delicia su fuente de placer. Con gusto la sostuvo por las caderas al tiempo que le succionaba los labios. Se comían con las manos, con los besos.

Humberto la elevó por encima de su pelvis para poder quitarse la hebilla del pantalón, no quería lastimarla.

Seguidamente, se liberó su grueso falo de tamaño promedio, se acarició un poco para lubricarse lo suficiente, sabía que el grosor de su virilidad podría generarle al principio dolor. Le hizo a un lado su pequeña *panty*, la cual a duras penas cubría su feminidad. Carly gimió y curvó la espalda hacia atrás.

Él la instó a moverse entre sus dedos índice y medio. Ese acto la enloqueció, ella se convirtió en su esclava.

—Preciosa, te prometo que lo disfrutarás —dijo sin dejar de lamer sus pechos.

—Lo sé, te he estado esperando toda mi vida. ¡Ah! —exclamó al tener entre sus piernas la punta de ese endurecido falo.

—Muévete de arriba hacia abajo.

En aquel momento tan fogoso y lleno de lujuria, ambos cuerpos se fundieron en uno solo ante semejante delectación.

Se levantó, con cuidado, con ella sostenida a su virilidad, suavemente la acostó sobre la alfombra.

Estaba extasiada, aun, por ese hombre que le sacó de entre las piernas aquella delicia masculina, la cual recién había hecho erupción muy dentro de ella.

—¡Oh, qué rico, qué placer más grande! —comentó feliz. Humberto se hizo a un lado para acomodarse el pantalón, mientras Carly se quedó acostada en la alfombra para recuperarse de lo vivido.

—¿Te gustó?

—¡No me gustó, me encantó; eres un macho alfa!

—Y tú, una fabulosa princesa —dijo recuperando el aliento, entre tanto su respiración volvía a la normalidad.

Él ofreció su mano para ayudarla a pararse, se abrazaron. Inesperadamente, repicó el celular de Humberto.

—Disculpa debo contestar la llamada. Es Francisco, mi mano derecha en los negocios.

—Responde con tranquilidad, prepararé té para conversar antes de que te marches.

—Gracias.

Antes de hacer el té, Carly fue al baño a asearse; aunque en realidad no quería quitar de su cuerpo la esencia de aquel hombre que todavía continuaba adherida a su piel.

Luego de lavarse las manos, la ayudó a servir el té; en ese instante, no se dijeron palabras, todavía estaban impactados por lo sucedido. Definitivamente, su trato ya no sería el mismo.

—Carly, en cuanto a tus historias, debes ser más atrevida al momento de narrarlas, puedes hablar de las emociones que sientes durante el acto. A la mayoría de los lectores les fascina, les hace sentir que viven el momento. Mañana nos vemos en clases, cumplirás la asignación y luego nos veremos el viernes; deseo pasar el fin de semana contigo, hoy no rendí como debía, lo siento, pero me dejé llevar.

—Estaré ansiosa de que llegue el viernes para estar juntos.

Carly lo acompañó hasta la puerta. Humberto se despidió de su amante con un sutil beso en los labios.

Se quedó observando como aquel hombre se alejaba de su casa. Cerró la puerta de su departamento y se fue a descansar pensando en lo distinto que había sido su día lleno de trabajo rutinario y lo nuevo: lleno de sexo apasionado y desbordante. De esa manera, concilió el sueño, terminando otro día.

Capítulo 11

"Quien ha aprendido a escuchar a los árboles ya no desea ser un árbol. No desea ser más que lo que es", Hermann Hesse.

Carly, al día siguiente, despertó llena de alegría, en cada paso que daba saltaba de emoción al saber que vería a su profesor, llamó a su amiga:

—Luisa, ven a mi casa, te daré desayuno, quiero… Necesito que me ayudes a estar presentable —colgó la llamada y en menos de 20 minutos su amiga estaba tocando la puerta.

—¡Amiga, hoy te noto tan radiante! ¿Qué travesura hiciste con el profesor? No te pongas nerviosa, recuerda que ayer te devolviste y ya luego no supe más de ti. Además, tenemos la costumbre de telefonearnos todas las tardes para chismear un poco.

—El profesor me estuvo dando unos tips.

—¿Con las manos o con la lengua?

—¡Luisa, deja de ser tan mal pensada!

—No me das la cara, ¡dilo! ¿Te acostaste con el guapo del profesor? No mientas, somos amigas, ¿qué pasó entre ustedes?

—Deja de molestar, me siento en un interrogatorio policiaco. Solo tenemos dos horas para llegar a tiempo, así que dime: ¿me ayudas con el vestuario sí o no?

—Sí, te ayudo. Por cierto, me disfrazaré de plomera sexy y tú, ¿qué ropa debes llevar? —Carly le entregó el papelito a su amiga—. ¡Oh por Dios! ¿Es en serio? Definitivamente, sí, existen morbosos en la vida —asintió con la cabeza— ¡Será, manos a la obra, tenemos poco tiempo! Qué suerte tienes de que mi hermana sea diseñadora profesional y esté disponible para mí las 24 horas del día.

En esta oportunidad tanto Luisa como Carly no habían llegado a clase, llevaban 20 minutos de retraso. Los alumnos reían por la forma en que tuvieron que ir vestidos, unos de manera elegante, otros *sexys*. Aparentemente, existen bromistas entre el alumnado; pero el joven profesor supo manejar la situación a favor del aprendizaje.

La mente de Humberto se dividió entre el salón y su bella rubia de ojos verdes.

Realmente, se preocupó; pensó que después de lo que vivieron la noche anterior, ella se había arrepentido; además, consideró que no lo quería ver, quizás tenía vergüenza. Pero antes de continuar maquinando lo que pudo haber ocurrido, Luisa entró de primera.

—¡Oh Dios, qué cansada estoy, corrí como no tiene idea! —expresó, mirando a su alrededor—. Me alegra saber que no fui la única que vino de manera atrevida—, rio al observar al resto de sus compañeros. Pues, había una vestida de MarioBross y otro de Cristian Gray.

—Señorita, ¿sabe algo de su amiga?

—Allí viene —respondió señalando la puerta.

Como en cámara lenta, miró a la mujer más hermosa que podía existir en la Tierra. Admiró sus delicados pies, luego apreció cada detalle del vestido de novia medieval que tenía puesto su hermosa alumna.

Luisa, a manera de juego, le pidió a uno de los alumnos que se acercara a Carly y la llevara de brazo hasta el profesor. Imitando las palabras de un padre, el chico se la cedió diciéndole:

—Le hago entrega de esta bella dama.

Los muchachos trataron de disimular la risa, sabían que entre ellos existía algo más que una simple relación alumna-profesor. En el ambiente se percibía la atracción sexual entre ambos.

—¡Te ves hermosa! —dijo el rubio como hipnotizado por aquella ninfa que se presentaba ante él como un ángel blanco. Carly le sonrió, se sintió como en un sueño donde él era su príncipe y ella su princesa. Los alumnos gritaron con gran entusiasmo:

—¡Qué se besen, qué se besen! —El joven profesor puso orden y ayudó a Carly a sentarse.

—Como se puede notar, es relevante el atuendo para impactar a nuestra pareja, esto lo podemos aplicar en la intimidad. Es importante variar la indumentaria para vivir nuevas experiencias.

Humberto desarrolló la clase con un talento magistral, explicó los detalles trascendentales involucrados en el vestuario de una persona y cómo esto se refleja en los demás.

Al terminar la clase, Humberto le pidió a Carly que se quedara.

—Estás muy linda, permíteme acompañarte a tu casa. Luisa a usted también le extiendo la invitación.

En el camino tomaron un taxi y se detuvieron en una tienda, el joven profesor compró tres botellas de un fino vino, toda clase de *snack*, helados y una pizza vegetariana lista para hornear.

Subieron al departamento de Carly, compartieron como si se conocieran de toda la vida: bromeaban, contaban chistes, anécdotas de sus vidas y reían. Aquel delicioso vino hacía su efecto, creando un ambiente más ameno.

Al transcurrir las horas el joven profesor se dio

cuenta de que era tarde, decidió marcharse. Se despidió caballerosamente.

Carly lo acompañó hasta la puerta, él aprovechó el momento para recordarle la cita del viernes que no podía olvidarse.

Las amigas se quedaron conversando sobre aquel hombre, Luisa decía:

—¡Es todo un caballero, excelente conversador y muy educado! Pensé que nos invitaría a hacer un trío ja, ja, ja, pero es todo un caballero.

—¡No digas eso, lo haces ver como un patán!

—La mayoría son así, menos mal no fue como consideré, de lo contrario hubiera sido una decepción saber que es uno más del montón; es todo lo contrario. ¡Lo adoro! Lástima que a mí no me haga caso, ¡tú te lo ganaste!

Las tres botellas de vino lograron embriagar a las jóvenes amigas que se quedaron dormidas, hablando de los encantos del joven profesor.

Capítulo 12

El amor muestra dos máximas adversidades: amar a quien no nos ama y ser amados por a quien no podemos amar. Nadie domina el amor, pero el amor domina todas las cosas.

Llegó el tan esperado viernes y Carly se arregló para la ocasión: pantalón de mezclilla color beige, una blusa sin manga con escote en V; a nivel de las caderas, una cadeneta dorada que hacía juego con sus sandalias de tacón medio, aretes y un fino collar.

Al oír el timbre, salió apurada, evitaba dañar el esmalte de las uñas de los pies y de las manos, pues las tenía recién pintadas de un color crema claro.

Humberto se veía sumamente atractivo con su atuendo, tenía una playera marca Polo, un pantalón de mezclilla y zapatos deportivos blanco.

—Te ves radiante. La luz de tus ojos me recuerdan a…

—¿A quién?

—Carly, estar a tu lado me hace feliz —respondió, eludiendo la pregunta.

—¡Ay, se me olvida mi bolso!

Él, al darse cuenta de que trataba de abrir la puerta procurando no tropezarse las uñas, caballerosamente, le dijo:

—Si me permites, te abro. —Al ayudarla la tuvo tan cerca que le fue imposible aspirar su aroma delicado a rosas silvestres, su delicioso aliento a menta le provocó devorarle los labios—. Tu fragancia es deliciosa—. Sus bocas, sin querer, quedaron al mismo nivel, sin poder eludirlo, se besaron tiernamente. Ella le enredó los dedos en su melena rubia. El llamado de la señora Sofía los hizo separarse, él se colocó a un lado.

—¡Carly, no he recibido tu pago!

—Señora Sofía, le envié un email con los datos de transferencia.

—Revisaré. Recuerda, están prohibidas las muestras de afecto en el pasillo, se deben respetar las normas o les hacemos abandonar el edificio; así hayan pagado el mes por adelantado, es una de las cláusulas.

—Disculpe, señora, fui el responsable. La besé sin aviso. Seremos cuidadosos con nuestras muestras de afecto —aseguró con una tierna voz y mirada angelical, lo cual satisfizo a la arrendadora.

—¡A todas las derrites! —expresó Carly.

—Ja, ja, ja. No lo creo, es simple estrategia de amabilidad.

—No seas modesto. ¿Cuál es tu automóvil?

Carly, al mirar a su alrededor, notó varios coches de buen aspecto clase media, se imaginó que uno de ellos era el de él.

—Es aquel —le señaló a su lado contrario.

Trató de esconder su asombro.

—¡Un deportivo! Perdón, quise decir: ¿un deportivo del año descapotado?

—Sí, ser sexólogo tiene sus beneficios —dijo en tono juguetón.

—Sí, que lo tiene.

—Bien, recorramos la ciudad. Está a punto de anochecer.

Como todo un caballero, le abrió la puerta del auto, haciéndola sentir como una princesa.

El rubio, al entrar en una vía recta, sin tráfico, aceleró el auto; la emocionó tanto que gritaba compitiendo con el ruido de la brisa, el cual pegaba en su rostro. Humberto reía por las ocurrencias de su enamorada.

Por su parte, la llevó al rascacielos más alto de Chicago, cuya estructura es de metal y cristal, al igual que los ascensores.

Salieron del elevador y caminaron hasta una de las amplias oficinas que pertenecen a la familia más adinerada de la ciudad.

—¿Tienes miedo?

—Para nada, amo las alturas; además, trepaba árboles cuando era niña. Solo que es extremadamente alto —dijo tratando de ocultar el temblor de sus dedos.

—Ya se te pasará. Eres una chica valiente, debes de

serlo si eres mi mujer —le comentó tomándola de la cintura para pegarla a su cuerpo, al tiempo que la apoyaba de la pared de vidrio.

—¡La vista es grandiosa!

—Totalmente cierto. Ahora, vámonos.

—¿Para dónde?

—Al restaurante. Te gustará, es un lugar maravilloso, es como si estuvieras en el árbol más alto del mundo y desde allí observaras toda la belleza de la vida.

Entraron al amplio y lujoso restaurante, el anfitrión los guio hasta una mesa con la mejor visión de la zona, que había sido reservada por su asistente personal, unos días antes. El sitio parecía un solar, desde allí veían como el sol se ocultaba para dar paso a las estrellas que iluminan la noche.

De fondo musical, se oía un jazz que recreaba una atmósfera tranquila para conversar. El mesero, cortésmente, se les acercó y les ofreció la carta de vino para empezar la velada. Carly no sabía qué pedir.

—Carly, te puedo sugerir un exquisito vino chileno. Está considerado como uno de los mejores por su especial añejamiento.

—Probaré.

—¿Puedo tomar su orden?

«¡Dios, todo se me antoja, no sé qué pedir! Y cómo y si él me leyera la mente, me preguntó»:

—El sushi de caviar me gusta. ¿Qué opinas?

—Es mi platillo favorito.

—Solo pediremos sushi variado.

—Como gusten.

Después de terminar la cena, le entregaron la carta de postres, Carly pidió Charlotte estilo puerto, una variedad de helados con salsa tibia de chocolate.

Degustó el exquisito dulce, sintió en su paladar todos los sabores preparados minuciosamente, exclamó:

—¡Felicite al repostero, es toda una delicia!

Humberto, que deleitaba su paladar con un rico *brownie* preparado con un fino cacao traído de Venezuela, sonrió al mirar la naturalidad de su hermosa acompañante, su alegría le hacía feliz.

Bebieron agua mineral exclusiva de Nueva Zelanda. Él pagó incluyendo la propina con American Express Centurión.

«¿Por qué tendrá esa tarjeta? Tengo entendido que solo los millonarios la usan, ¿estaré realmente con alguien de la realeza, será un sueño? Si es así; no quiero despertar, porque este sueño me tiene en las nubes, ¡sintiéndome una reina!»

La rubia de ojos verdes seguía en su ensoñación hasta que el joven profesor de forma protocolar le dijo:

—Hermosa dama, ¿le ayudo con su silla?

—Claro.

—El viaje será largo.

«Ahora, ¿para dónde me llevarás?», se preguntó, sin dejar de sonreírle.

Él, en todo momento, trató con amabilidad a quien se convertiría nuevamente en su mujer.

Condujo hasta un hotel elegante ubicado a las afueras de Chicago, era una zona montañosa, hacía frío.

Se detuvo para darle a su bella alumna el abrigo que llevaba atrás del asiento del copiloto.

—Pero, ¿y tú?

—Estoy bien, falta poco para que lleguemos.

Embelesada, aspiraba el aroma masculino del abrigo.

Llegaron al hotel y Humberto le abrió la puerta del carro, la guio hasta dentro de la habitación, donde ya se encontraba encendida la chimenea.

—¿Te gusta el lugar?

—Sí, me resulta romántico.

—Después de lo que te haré, será más romántico —le dijo, pegándola a su pecho.

La besó delicadamente, descendiendo sus besos hasta su cuello, le levantó los brazos para quitarle la blusa y el brasier de encaje blanco. Se detuvo frente a ella para contemplar la más hermosa imagen que haya visto; lamió sus pechos, ella no paraba de gemir.

—Beto, eres increíble, produces escalofríos en todo mi cuerpo, siento que voy… siento que voy a desfallecer… Me gusta como saboreas mis pechos.

El rubio bajó poco a poco hasta la zona sur de su joven estudiante, al detenerse allí, levantó la mirada para saber si ella estaba de acuerdo, Carly asintió.

Sutilmente, le desabrochó el pantalón para deshacerse de aquella prenda que le estorbaba su labor, le aspiró su aroma de mujer delicada y con la boca le retiró la última tela que le impedía acceder a ese lugar que tanto deseaba probar.

<<Sus dedos hacen maravillas en mi punto U, mejor de como yo lo hice en la ducha. Mi sueño, al fin, es realidad>>.

—Estoy a punto de… de… no aguanto más…

—gritó de la emoción.

Humberto se sintió satisfecho, se retiró la hebilla del pantalón para luego desabrochárselo y bajarse el cierre; le introdujo dos dedos para sentir su lubricidad, se liberó su grueso falo y se untó aquel líquido viscoso que provenía de su mujer.

Al mirar el miembro de su hombre, le provocó probarlo, degustarlo con su boca. Él abrió sus piernas y se posicionó para que estuviera cómoda.

—¡Cómetelo todo! —le exclamó a medida que le hundía el falo en su boca y la agarraba de los cabellos para guiarla en los movimientos de adentro hacia afuera. Sin más, aceleró el vaivén de su cadera.

<<Sus testículos golpean mi mentón>>.

—¡Chúpate mi semen! —Su hermosa estudiante le obedeció.

<<Su semen es tan divino>>.

—Gracias mi amor, fue maravilloso.

Lentamente, deslizó sus labios por aquel endurecido falo, él la atrajo al nivel de su rostro y la besó con pasión. Se quitó por completo la ropa sin dejar de acariciarla, amaba probar sus labios, su cuello, sus senos, su piel, cada rincón de ella, quien estaba maravillada por la forma en que su profesor la hacía suya.

Se posicionó sobre ella para separarle las piernas y así penetrarla con fuerza. Se hundió cada vez más hasta tocarle el fondo de su ser. Su alumna era un volcán de lava ardiente en el que él con gusto se sumergía.

Esa noche, después de quedar exhaustos, durmieron desnudos, abrazados en la amplia y lujosa cama que tenía un edredón nórdico.

Al día siguiente, Carly no podía creer lo que había vivido hace diez horas, sí que descansaron, ya había amanecido; cuando se volteó para ver a su entrañable enamorado, él ya no estaba. Se preocupó. Vio una nota.

Amor, ya regreso, no tardaré.

Al cabo de una hora, Humberto volvió con algunas prendas femeninas de la reconocida marca londinense: Victoria Beckham, se las había encargado a la *boutique* más famosa de Chicago.

Carly recién salía del baño: <<¿por qué no me traje otra muda de ropa? Era evidente que me traería a un hotel para hacerme el amor como un cavernario, sin piedad», se reprochó, a la vez, que se tocaba los senos, recordando sus caricias.

—¿Hablando sola?

—¡No! Me asustaste.

—Veo que te duchaste, me dieron ganas de hacerte mía nuevamente.

—¡Si gustas! —dijo dejando caer la bata al piso.

La tomó en brazos y se la llevó hasta la cama donde la amó otra vez con locura.

Ese día, Carly fue la mujer más feliz del universo, Humberto la llevó a conocer los alrededores de Chicago, cabalgaron juntos, jugaron croquet con los socios de su empresa. Ella se sintió su señora, el título le agradó.

Las mujeres se le acercaban y le preguntaban: ¿Cómo hizo para atraparlo? Altiva, les respondía:

—Fácil, meneando las caderas —quedaban estupefactas ante su respuesta.

Todas murmuraban a sus espaldas. Él, al otro día, la llevó a su casa.

—Carly, quiero que te mudes a una de mis propiedades; de hecho, la mandé a registrar a tu nombre, uno de los apartamentos ubicados en el centro de la ciudad, existen hospitales cercanos y no tendrás que madrugar.

Buscó en su maletín y le hizo entrega de los documentos que la acreditaban como dueña legal del inmueble, más una beca para estudiar literatura en Londres.

Ella no sabía qué decir, al despedirse de su amado: llamó a su amiga y le contó todo lo que vivió al lado de ese hombre, que con solo recordar la inicial de su apellido, su entrepierna se humedecía.

—¡Qué suerte tienes amiga! ¿Tendrá hermanos?

Ja, ja, ja. Pregunto para ver si me quedo con uno de ellos.

—Luisa, ¿para qué te cuento?

—¡Es increíble! Te regaló un apartamento así no más. Sí que le diste donde es.

—¡Luisa!

—Es la verdad, ¿quién te regala un apartamento así no más?

—Es verdad —replicó a modo reflexivo.

—Una cosa es segura, te quiere de amante.

—¿Por qué lo dices?

—Porque en vez de obsequiarte un anillo de matrimonio, te dio las llaves de un apartamento, que él visitará cada vez que se le levante <<la cosa>>, ja, ja, ja.

—¡Te pasas de vulgar!

—Mejor, invítame a comer, falta poco para anochecer y por lo visto hoy será tu última noche en este modesto vecindario donde se quedará tu amiga hasta la edad anciana de 100 años, la cual encontrará a su rey, que es Dios, porque no he tenido la suerte que tú.

—Puedes vivir conmigo.

—Amiga, él te compró el departamento para que sea su nidito de follación.

—En serio que te pasas.

—¿Qué? ¡No entiendo! ¿En qué me paso? Sigo sin entender.

—Jamás entiendes, pero lo que no te conviene.

Ese día Carly ordenó una pizza con salsa napolitana y queso mozzarella, la cual acompañaron con una gaseosa refrescante de cola. Vieron una película de humor y se fueron a descansar.

Al día siguiente, entusiasmadas, fueron a la que sería la última clase; por primera vez, llegaron antes que el profesor.

—Buenos días. Soy el profesor Arturo. El profesor Humberto se ha retirado para cumplir con asuntos personales, me ha dejado la misión de terminar el curso.

El maestro empezó a escribir en el pizarrón y dictó la clase de forma convencional. Carly en nada prestó atención. Luisa, al verla tan triste, trató de animarla.

—De seguro, te llama más tarde.

—¿Tú crees? —le preguntó con los ojos brillosos por las lágrimas.

—Sí —le respondió abrazándola—. Vamos a recoger tus cosas y las mías, me mudaré contigo.

Espero no llegue al departamento portando únicamente un lacito en su entrepierna; si no me lo tendré que comer yo, por lo menos una noche.

—Carly se rio por la ocurrencia de su amiga incondicional. Las semanas pasaron.

—Por fin, ¿qué tienes?

—Estoy embarazada.

—¡Qué alegría, seré tía!

—Sí, llevo en mi vientre el fruto de mi amor por él.

—Carly, no quiero ver lágrimas en tus ojos y menos causadas por ese hombre. Recuerda que tu estado de ánimo se lo trasmites a tu niño o niña.

—Cierto, no vale la pena llorar por un hombre que

de seguro le endulzó la oreja a cuantas mujeres vio en el camino.

—Por lo menos, te dejó el apartamento y una beca para estudiar; pero con esa pancita se te hará complicado.

—Mejor tener la cabeza ocupada, así no pensaré en ese hombre que me usó para un fin de semana.

Meses después

Carly dio a luz a un hermoso varón de ojos azules claros como el cielo. En Londres se hizo amiga de Domy, un diseñador de modas que necesitaba escribir sus memorias.

Al paso del tiempo, Carly se convirtió en una reconocida escritora de erotismo, un joven actor se le acercó:

—¿Es cierto?

—¡Perdón!

—Mi esposa se llama Martha, está enferma y no intimamos como antes, no sé qué hacer. Lo de su libro: *Sexo con sabiduría,* ¿es cierto?

—Sí, lo es —con una sonrisa irónica, añadió—: recibí clases personalizadas.

De ese modo, terminó un día más de trabajo: parejas, hombres y mujeres (necesitando amor) les asesoraba. Ella feliz los atendía y se iba con su pequeño Guillermo, fruto de su amor por aquel joven profesor que le enseñó los placeres de la sexualidad y del amor.

Yuleni Paredes es una escritora y editora venezolana, nacida el 05 de febrero de 1983 en la ciudad de Charallave, estado Miranda.

Desde temprana edad quiso estudiar una carrera para servir al prójimo, pensando incluso en hacerse monja; pero como sus padres estaban distantes de la doctrina catolicista, abandonó la idea y siguió pensando en otras opciones hasta que descubrió a los nueve años su pasión por el periodismo.

Al tener poca probabilidad de estudiar en la Universidad Central de Venezuela (UCV), Comunicación Social por bajo promedio derivado de su impopularidad estudiantil, presentó en otras universidades. Una en la que resultó seleccionada fue en el "Colegio Universitario de la Cruz Roja Venezolana", en el cual obtuvo el título de T.S.U. en Enfermería, destacándose su Trabajo Especial de Grado con mención: Honorífica. Seguidamente, sus amigas(al ver su desempeño académico) abogaron para que ella culminase sus estudios en la UCV, donde le confirieron el grado de Licenciada en Enfermería, obteniendo también mención Honorífica. Al poco tiempo, se recibe como T.S.U. en Educación Preescolar, ocupando el quinto lugar de la nota más alta de un grupo de 62 alumnos, graduándose así como CUMLAUDE en el "Instituto Universitario de Tecnología Tomás Lander". No obstante, fue seleccionada para estudiar periodismo en la "Universidad Católica Santa Rosa", graduándose de Licenciado en Comunicación Social.

Mientras, laboraba en el Diario El Universal: recibió el llamado para estudiar edición de libros en la UCV, afiliado a la Cámara venezolana del Libro (Cavelibro). A partir de ese momento, edita historias y ofrece sus servicios profesionales.

www.ingramcontent.com/pod-product-compliance
Lightning Source LLC
Chambersburg PA
CBHW070213260726
48658CB00006BA/2071